OVER RECIDIVE

VOLGENS HET

Nederlandscḥ Wetboek vaɳ Strafrecht.

ACADEMISCH PROEFSCHRIFT·

TER VERKRIJGING VAN DEN GRAAD VAN

DOCTOR IN DE RECHTSWETENSCHAP,

AAN DE RIJKS-UNIVERSITEIT TE LEIDEN,

OP GEZAG VAN DEN RECTOR MAGNIFICUS

Dᴿ. D. DOIJER,

Hoogleeraar in de Faculteit der Geneeskunde,

VOOR DE FACULTEIT TE VERDEDIGEN

op Dinsdag den 1ᵉⁿ April 1884, des namiddags te 3 uren,

DOOR

BERNARD JOHAN RASCH,

GEBOREN TE 'S-GRAVENHAGE.

'S-GRAVENHAGE. — G. C. VISSER.

1884.

OVER RECIDIVE

VOLGENS HET

NEDERLANDSCH WETBOEK VAN STRAFRECHT.

Aan mijne Ouders.

HOOFDSTUK I.

Begrip van Recidive — Verschillende stelsels.

Wat is Recidive?

Recidive is het plegen van een strafbaar feit, na eene voorafgaande veroordeeling wegens een strafbaar feit.

Terwijl dus Recidive bestaat in het plegen van een nieuw delikt, na reeds eens veroordeeld te zijn geweest, is er concursus, „ƚamenloop of opeenstapeling van misdrijf'', zooals Tit. VI van de ontworpen van 1815 en 1827 het noemden, „Wanneer dezelfde persoon schuldig is aan meer „dan een vergrijp tegen de. strafwet, terwijl nog geen „dezer het onderwerp eener rechterlijke beslissing heeft „uitgemaakt [1]), onverschillig of die vergrijpen *gelijktijdig* [2]) „*of ongelijktijdig* [3]) berecht worden.''

Het ontwerp van 1814 en dat van 1827 behandelden beide onderwerpen („opeenstapeling en herhaling van mis- drijven'') in denzelfden titel.

Ook het wetboek van 1847 spreekt in den 6en titel van „zamenloop en herhaling van misdrijven''.

---

[1]) Mem. v. toel. op art. 55 (64) W. v. Str.
[2]) Art. 207 Wetb. v. Strafvord., art. 55 vlgg. W. v. Str.
[3]) „ 208 „ „ „ „ 63 „

2

Beter schijnt eene behandeling onder verschillende rubrieken.

Moet zoodanige voorafgaande veroordeeling, zooals Recidive onderstelt, *altijd* zijn eene verzwarende omstandigheid? Stelt men de vraag zoo algemeen, dan moet het antwoord ontkennend zijn. Ook de C. P. met zijne rigoureuse bepalingen omtrent Recidive ging zoover niet om deze vraag in haar vollen omvang en zonder voorbehoud in bevestigenden zin te beantwoorden.

Altijd zal:

a. òf de vroegere zoowel als de latere veroordeeling moeten zijn uitgesproken wegens een misdrijf, dat eenige graviteit heeft (art. 56—58 CP.).

b. òf een nauw verband van gelijkheid of gelijksoortigheid moeten bestaan tusschen het vroeger en het later misdrijf (C. P. art. 200, 474, 482, 483.)

Maar beantwoordt men de gestelde vraag met dit voorbehoud toestemmend, dan doet zich eene tweede vraag voor, moet die strafverhooging zijn een grond tot strafverscherping (strafschärfungsgrund), d. w. z. eene verhooging boven het maximum, of eene strafzumessungsgrund, d. w. z. een toemeten op de straf, mits blijvende onder het maximum?

M. a. w.: voldoet hier de ruimte tusschen minimum en maximum, zoodat de rechter geen bijzondere bepaling noodig heeft, om op recidive te letten? of is tusschen de ruimer of enger gestelde grenzen verhooging boven het maximum of zelfs veroordeeling tot zwaardere straf-imperatief of facultatief-noodzakelijk?

Bij leges poenales determinatae — die trouwens niet meer van onze dagen zijn, kon men de in de wet uitgedrukte strafverzwaring voor recidive wellicht zoomin als menige andere wettelijke verzwarende omstandigheid ontberen.

Daarentegen, hoe meer ruimte de rechter heeft in het toemeten van straf, des te minder zijn de in de wet uitgedrukte verzwarende omstandigheden noodig: in het bizonder geldt dit ook voor recidive.

Merkel (v. Holtzendorff's handboek van het Duitsche strafrecht II, p. 559) verwerpt recidive als algemeene verzwaringsgrond: al dadelijk omdat het motief voor het opnemen van dezen verzwaringsgrond, gelegen in eene bizondere hardnekkigheid van den recidivist, welke aan den dag zoude komen doordat de vorige straf haar doel zoude hebben gemist, in het algemeen niet opgaat.

Maar gesteld, die hardnekkigheid is bewezen; moet men dan nog tot eene hoogere straf opklimmen? Neen, zegt Merkel, omdat het hier betreft eene eigenschap des daders, en niet van de daad: immers persoonlijke eigenschappen worden niet bestraft; voorzoover zij in aanmerking komen bij het afmeten der straf, moet de rechter blijven binnen het gewone maximum en minimum.

Neemt men de herhaling van misdrijf, niettegenstaande deze bedenkingen, als reden van strafverzwaring (strafschärfungsgrund) aan, dan kan zij als zoodanig gelden bij vroegere veroordeeling, hetzij wegens een *gelijk* of *verwant* (gelijksoortig) misdrijf, hetgeen men *speciale* recidive pleegt

4

te noemen, hetzij wegens *eenig* misdrijf, welk dan ook, hetgeen men *generale* recidive pleegt te noemen. Deze generale recidive, zooals nader blijken zal, was het systeem van den C. P., welke deze verzwarende omstandigheid alleen in aanmerking deed komen bij misdaden en wanbedrijven, en niet bij overtredingen: maar zij wordt ook in den C. P. beperkt tot vroegere veroordeelingen tot bepaalde zwaardere straffen (artt. 56—58 C. P.) In dat stelsel valt nu weder te onderscheiden of de verzwarende omstandigheid de verplichting of de bevoegdheid tot strafverzwaring oplegt: de verplichting treft men aan in den C. P., de bevoegdheid daarentegen in de wet van 1854 (art. 11) en den C. P. belge (art. 54—58).

Over de vraag of en binnen welke grenzen vroegere veroordeeling als verzwarende omstandigheid moet gelden bij later misdrijf, bestaat verschil van gevoelen bij de Duitsche en Fransche schrijvers, die daarom voor ons van belang zijn, omdat ons nieuwe wetboek veel geput heeft uit het Duitsche strafwetboek met zijne literatuur.

Voor recidive in uitgebreiden zin (het misdoen van iemand, die reeds eenige veroordeeling achter zich heeft) wenscht men geene strafverzwaring; daarentegen wenschen verscheidenen, zooals Wächter [1]), Berner [2]) e. a., wel strafverzwaring voor recidive in engeren zin (speciale recidive).

---

[1]) Deutsches Strafr., Vorlesungen v. Carl Georg v. Wächter, herausgeg. v. O. v. Wächter. Leipzig 1881, p. 269, § 91.

[2]) Lehrbuch des Deutschen Strafr. v. Dr. A. T. Berner. 12e. verb. ausg. Leipzig 1882. p. 302, vlg. § 142.

Chauveau en Hélie [1]) wenschen strafverzwaring voor recidive, en wel voor die delikten, die voortspruiten uit dezelfde neiging, zooals delikten tegen personen, den eigendom, politieke, militaire en speciale delikten. Delikten van iedere klasse leiden tot recidive; behooren zij *niet* tot dezelfde klasse, dan levert dit geen grond op voor verzwaring.

In eene hoogere strafsoort overgaan, achten zij, evenals de meeste schrijvers, onjuist,

„mais un crime a deux éléments:
la matérialité du fait et
la criminalité de l'agent.

Le premier est invariable, mais l'autre a de multiples degrés. C'est pour mettre la peine en rapport avec ces nuances infinies, que la loi a établi des châtiments variables, et a pris pour base de leur mesure l'existence de circonstances atténuantes. Or, ces circonstances sont le plus souvent les antécédents du prévenu, sa bonne conduite antérieure, son caractère honorable, sa position sociale, c'est-à-dire; des faits étrangers au délit et pris en dehors; pourquoi donc la perversité de son caractère et ses habitudes criminelles, légalement constatées, ne seraient-elles pas mises dans la même balance?" [2])

Ortolan [3]) wil strafverzwaring, als de delikten chronisch worden, terwijl Feuerbach geene strafverzwaring wil, omdat,

---

[1]) Chauveau e Hélie, Théorie du C. P. chap. IX, § 447—481.
[2]) „   „   „   „   „   „   „   § 455.
[3]) Ortolan, Eléments de droit Pénal I p. 530—561. 3me ed. 1863.

evenals gepraemediteerde doodslag moord heet, dit niet het geval is bij recidive van een of ander delikt, want derde diefstal bijv. blijft steeds diefstal heeten.

Olshausen [1]) zegt : drieërlei toepassing van strafverzwaring is mogelijk :

a. door in eene hoogere strafsoort te gaan,

b. „ een hooger straf-maximum te bepalen,

c. „ „ „ „ minimum te bepalen

Ook het sub a genoemde verwerpt hij op de zooeven door ons aangevoerde gronden, maar hij erkent toch, dat in het herhaalde doen van de zijde des daders eene bijzondere hardnekkigheid schuilt, welke invloed moet oefenen op de straf.

Ook Berner [2]) is een warm voorstander van strafverzwaring wegens recidive, evenals Meijer [3]).

De recidive is in het Duitsche wetboek beperkt tot gelijk ' en gelijksoortig; en daarenboven wordt niet alleen vroegere veroordeeling, maar ook vroegere bestraffing vereischt.

Over het bepalen van gelijksoortig is men het steeds oneens geweest; het beste is, om òf eenige delikten op te noemen als gelijksoortig, òf voor gelijksoortig te houden die delikten, welke uit dezelfde drijfveeren zijn voortgesproten,

---

[1]) Olshausen, «Einflusz von Vorbestrafungen», p. 14—31.
[2]) Berner «Lehrbuch des Deutschen strafrechts, p. 302—308.
[3]) Dr. H. Meijer, «Lehrbuch des Deutschen Strafrechts, Erlangen 1877, 2e auflage.

HOOFDSTUK II.

Geschiedkundig Overzicht van 1809 tot de Vaststelling Wetb. v. Str.

Na de algemeene opmerkingen in ons. eerste hoofdstuk, wenschen wij in dit tweede hoofdstuk een woord in het midden te brengen over de geschiedenis van het leerstuk hier te lande van eerste codificatie van het Strafrecht, vervat in het Crimineel wetboek voor het koninkrijk Holland van 1809 tot de vaststelling van het nieuwe Nederlandsche strafwetboek.

Het Crimineel Wetboek van 1809 kent alleen speciale recidive, zooals blijkt uit de artikelen 185, 231, 232, 233, 271, 272, 273, 332, 338 en 54.

Art. 185. Die, na eenmaal over brandstichting, het bederven der bluschgereedschappen, of wegens brandbrieven of teekenen gestraft te zijn, zich daarna weder aan dezelfde of aan andere dezer genoemde misdaden schuldig maken, zullen gestraft worden met geeseling en brandmerk, langdurige gevangenis en bannissement voor altijd uit het Koningrijk, zoo hunne nieuwe misdaden zelven geene zwaarder straffe vereischen.

Art. 231. Die, na eenmaal over de misdaad van diefstal, braak of roof, met mindere straf dan die van het schavot gestraft te zijn, zich andermaal aan dezelve schuldig maken, zullen naar de omstandigheden gestraft worden met schavotstraf, gevangenis, niet te boven gaande den tijd van tien jaren, bannissement uit het Koningrijk of ander, tenzij hunne nieuwe misdaden zelven eenige zwaardere straffen vereischen.

Art. 232. Die reeds eenmaal over de misdaad van diefstal, braak of roof, op het schavot gestraft zijnde, zich andermaal aan dezelve schuldig maken, zullen gestraft worden met geeséling, brandmerk, gevangenis van twintig jaren, en altoosdurend bannissement uit het Koningrijk tenzij hunne nieuwe misdaden zelve de doodstraf vereischen.

Art. 233. Wanneer nogtans de herhaalde misdaad is van een zeer geringen aard, zal de straf eenigzins mogen verligt worden, naar bescheidenheid des Regters.

Art. 271. Die, na eenmaal over de misdaad van valschheid of bedrog, met mindere straf dan die van het schavot, gestraft te zijn, zich andermaal aan dezelve schuldig maken, zullen naar de omstandigheden gestraft worden met schavotstraf, gevangenis niet te boven gaande den tijd van zes jaren, en bannissement uit het Koningrijk of ander, tenzij hunne nieuwe misdaden zelven eenige zwaardere straffen verdienden.

Art. 272. Die reeds eenmaal over de misdaad van valschheid of bedrog, op het schavot gestraft zijnde, zich andermaal aan dezelve schuldig maken, zullen gestraft worden met geeseling, brandmerk, gevangenis voor twintig jaren, en bannissement voor altijd uit het Koningrijk, tenzij op hunne nieuwe misdaden de doodstraf mogt gesteld zijn.

Art. 273. Wanneer nogtans de herhaalde misdaad is van een zeer geringen aard, zal de straf eenigzins mogen verligt worden, naar bescheidenheid des Regters.

Art. 332. Die met hunne broeders of zusters afstamme-lingen, zooals ook die met een broeder of zuster van iemand hunner ouders of voorouders trouwen, of vleesche-lijke gemeenschap plegen, zullen voor de eerste reis ge-straft worden met bannissement, niet te boven gaande den tijd van zes jaren, en, zich daar na op nieuw aan deze misdaad schuldig makende, met bannissement voor altijd uit het Koningrijk.

Art. 338. Die zich ten derden of meermalen, gedurende het bestaan van vroegere huwelijken, met anderen in den echt verbinden, zullen zonder onderscheid gestraft worden met geeseling, langdurige gevangenis, en bannissement voor altijd uit het Koningrijk.

Art. 54. Bij herhaling der overtreding van bannissement, zal de straf van gevangenis telkens verzwaard worden, echter niet te boven gaande den tijd van zes, twaalf of twintig jaren.

In art. 231 zien wij als maximum straf tien jaren, zoo de eerste straf minder dan schavotstraf was geweest, met de bevoegdheid voor den rechter om ook daarboven te gaan in bepaalde gevallen; en in art. 232 wordt de gevangenisstraf tot twintig jaren verhoogd, indien de eerste straf schavotstraf was geweest, met bevoegdheid om zelfs de doodstraf toe te passen.

Art. 233, geeft den rechter de bevoegdheid om verzachtende omstandigheden in aanmerking te nemen, evenals art. 273 dit doet, naar aanleiding van de misdrijven in art. 271 en 272 genoemd.

In de artikelen 271 en 272 vinden wij hetzelfde beginsel, en wel 6 jaren of 20 jaren, al naarmate de eerste straf was lichter dan schavotstraf of eene schavotstraf

In art. 332 valt nog op te merken, dat daar stratbaar wordt gesteld het huwen van neven en nichten met tantes en ooms en omgekeerd, en in art 338 wordt de straf tegen bigamie uitgesproken, drie of meer malen begaan.

Opmerking verdient nog, dat in de artt. 231, 271 332 en 54 een maximum gevangenisstraf wordt aangenomen, zoodat de rechter hier de keuze heeft, hetgeen .in de andere artikelen niet het geval is.

Het ontwerp van 1814 behandelde in den 6de titel beide onderwerpen te zamen, en sprak in art. 36 van concursus, waarop het de straf van het zwaarste delikt toepaste; — in art. 37 sprak het van herhaling evenals in art. 38, en voorziet in dit laatste artikel het .geval, dat als iemand den eersten keer reeds de hoogste straf heeft bekomen, hoe men dan moet handelen bij een tweeden keer : die tweede straf moet dan in hare meeste uitgebreidheid worden ondergaan. •

Art. 39 bevat eene uitzondering voor bizondere gevallen.

Hieruit blijkt dus, dat het ontwerp van 1814 de begrippen van recidive en concursus niet van elkander scheidde. Wij willen hier den tekst van het ontwerp van 1814 laten volgen (tit. 6 „van opeenstapeling en herhaling van misdaad:")

Art. 36. Indien een misdadiger schuldig wordt bevonden aan verschillende misdaden, zonder daarover bevorens afzonderlijk gestraft te zijn, zal aan hem die straf worden opgelegd, welke op het zwaarste misdrijf is bepaald.

Art. 37. Wanneer bevonden wordt, dat iemand, die bereids wegens eene begane misdaad gestraft, vóór zijne teregtstelling zich nog aan eene andere misdaad heeft schuldig gemaakt, welke geen onderwerp dier regtspleging is geweest, zal hij deswege dan alleen strafbaar zijn, wanneer de later ontdekte misdaad van dien aard is, dat op dezelve de doodstraf zoude moeten volgen; of wel wanneer de later ontdekte misdaad met eene schavotstraf zoude behooren te worden gestraft, en wanneer tevens de misdadiger wegens de misdaad, waarover hij is te regt gesteld geweest, te voren met geene schavotstraf is gestraft geworden.

Art. 38. Wanneer iemand na reeds te voren wegens misdaad tot schavotstraf veroordeeld te zijn, zich op nieuw aan een met schavotstraf strafbare misdaad schuldig maakt, zal hij de straf, op die tweede misdaad bij de wet gesteld, in het algemeen in hare meeste uitgebreidheid ondergaan.

Art. 39. De bepaling bij het voorgaand artikel vermeld, geldt alleen voor zooverre bij dit Wetboek in bijzondere gevallen niet op eene andere wijze mogt zijn voorzien.

Wij zien dus uit het ontwerp van 1814, dat art. 38 *generale* recidive alleen kent bij vroegere veroordeeling tot schavotstraf, verder kent het ook speciale recidive in de art. 281, 339 en 403. In gelijken zin als het ontwerp van 1814 behandelt het ontwerp van 1827 deze materie, in tit. 6 art. 35—38; met dit verschil alleen dat het voor misdaad het nomén generale misdrijf gebruikt, en dat art. 36 anders is geredigeerd dan art. 37 van het ontwerp van 1814.

art. 36, 38, 39 ontwerp 1814 gelijkluidend met:

    „ 35, 37, 38   „   1827.

Art. 36 Ontwerp 1827 luidt:

„Al wie tot schavotstraf is veroordeeld, kan niet op nieuw worden vervolgd ter zake van een ander misdrijf vóór zijne veroordeeling begaan, ten zij daarop de doodstraf is bedreigd.

Ingeval echter de vroegere veroordeeling niet heeft gestrekt tot schavotstraf of eerloosheid, kan hij op nieuw vervolgd worden wegens een ander misdrijf vóór zijne veroordeeling begaan, indien op hetzelve schavotstraf of eerloosverklaring is bedreigd."

Ook in art. 37 van dit ontwerp vinden wij generale recidive, en in de art. 331 en 399 speciale recidive.

Bekend is het lot van het ontwerp van 1827: wegens tegenstand vooral van Belgische leden in 1828, is het, nadat het den 23ᵉⁿ April 1827 aan de 2ᵉ Kamer was aangeboden, en in Maart 1828 in beraadslaging was gekomen,

13

door de Regeering ingetrokken, daar de vervaardigers van het beginsel waren uitgegaan, niet alleen om door strafbedreiging in het algemeen van het misdoen af te schrikken, maar ook om de straffen zelve bij de toepassing als zoovele middelen van „exemplairen afschrik" aan te wenden.

Vier anderen wetboeken waren gereed bij den Belgischen opstand in 1830, maar het wetboek van strafrecht moest nog steeds gemaakt worden (v. Deinse, algem. beginselen v. strafr. no. 55). De fransche C. P. in 1811 ingevoerd bleef dus onveranderd gelden.

Zijn stelsel was verschillend voor crimes en délits: de art. 56—58 behandelden de gevallen van crime-crime, crime-délit en délit-délit (als voor het eerste wanbedrijf eene veroordeeling van meer dan één jaar was uitgesproken) terwijl bij herhaling van crime, men eene straf hooger ging, zoo zal de rechter bij crime-délit en délit-délit het maximum opleggen of tot het dubbele hiervan gaan.

Bij overtredingen heeft de C. P. speciale recidive voor ieder der drie klassen (art. 474, 478 en 482 C. P), terwijl art. 483 zegt, dat herhaal van overtreding alleen dan plaats heeft als binnen de laatste twaalf maanden in het ressort van hetzelfde gerecht de overtreder reeds vroeger bestraft is geworden.

Een bijzonder geval van speciale recidive treffen wij nog aan in art. 200 C. P.

De hardheid van dit stelsel voor crimes en délits werd ook in Frankrijk, evenals bij ons, algemeen erkend

Dit werd in Frankrijk niet opgeheven, maar in zijne toepassing eenigzins gewijzigd en verzacht, terwijl men daarbij tegelijk voorzag in de leemten van art. 58, bij de herziening van den C. P. in 1832 en 1863.

In 1832 werd art. 56 C. P. gewijzigd, en luidde als volgt: „Quiconque, ayant été condamné à une peine afflictive ou infamante, aura commis un second crime emportant, comme peine principale, la dégradation civique, sera condamné à la peine du bannissement.

Si le second crime emporte la peine du bannissement, il sera condamné à la peine de la détention.

Si le second crime emporte la peine de la réclusion, il sera condanmé à la peine des travaux forcés à temps.

Si le second crime emporte la peine de la détention, il sera condamné au maximum de la même peine, laquelle pourra être élevée jusqu'au double.

Si le second crime emporte la peine des travaux forcés à temps, il sera condamné au maximum de la même peine laquelle pourra être élevée jusqu'au double.

Si le second crime emporte la peine de la déportation, il sera condamné aux travaux forcés à perpétuité.

Quiconque, ayant été condamné aux travaux forcés à perpétuité, aura commis un second crime emportant la même peine, sera condamné à la peine de mort.

Toutefois, l'individu condamné par un tribunal militaire ou maritime, ne sera, en cas de crime ou délit postérieur, passible des peines de la récidive, qu'autant que la première condamnation aurait été prononcée pour des crimes ou délits punissables d'après les lois pénales ordinaires."

De art. 75 en 58 van den C. P. werden in 1863 gewijzigd en luiden:

Art. 57. Quiconque, ayant été condamné pour crime à une peine supérieure à une année d'emprisonnement, aura commis un délit ou un crime, qui devra n'être puni que de peines correctionnelles, sera condamné au maximum de la peine portée par la loi, et cette peine pourra être portée jusqu'au double.

Le condamné sera de plus mis sous la surveillance spéciale de la haute police pendant cinq ans au moins et dix ans au plus."

Art. 58. „Les coupables condamnés correctionnellement à un emprisonnement de plus d'une année seront aussi, en cas de nouveau délit ou de crime, qui devra n'être puni que de peines correctionnelles, condamnés au maximum de la peine portée par la loi, et cette peine pourra être portée jusqu'au double: ils seront de plus sous la surveillance spéciale du Gouvernement pendant au moins cinq années et dix ans au plus."

Het eerste boek van een Nederlandsch Wetboek van Strafrecht, gelijk dit in 1840 (boek I tit. 6 Stbl. n°. 25) afzonderlijk werd vastgesteld, maar niet ingevoerd, en het eerste boek van 1847, dat evenmin in werking werd gebracht, bouwden niet voort op het stelsel van speciale recidive, zooals het Crimineel Wetboek van 1809 en de

2

ontwerpen van 1814 en 1827, maar in dit opzicht, gelijk in vele anderen, sloot het zich integendeel nauwer aan het Fransche recht aan.

Wet van den 10^{den} Juni 1840, Stbl. 25, houdende den 6^{den} titel van het eerste Boek van het Wetboek van Strafrecht, luidende:

Art. 1. Indien iemand, na reeds tevoren tot eene criminele straf of tot gevangenisstraf voor den tijd van meer dan een jaar veroordeeld te zijn geweest, andermaal wegens misdaad of wanbedrijf wordt vervolgd, zal die vroegere veroordeeling als eene verzwarende omstandigheid worden aangemerkt, waarop de regter bij de toepassing der strafwet acht zal moeten geven.

De regter zal zelfs bevoegd zijn, om, naar mate der omstandigheden, indien tegen de tweede misdaad of wanbedrijf tuchthuisstraf, verbanning of gevangenisstraf is bedreigd, die straffen te kunnen verdubbelen, mits niet hooger gaande dan tot het maximum dier straffen, zoodanig als dit bij art. 14, 15, 18, 20 en 26 van den tweeden titel is vastgesteld.

Alles behoudens de bijzondere voorschriften omtrent de herhaling van dezelfde misdaad of hetzelfde wanbedrijf, voor bepaalde gevallen in het wetboek voorkomende.

Art. 2. Al wie, na reeds bevorens tot eene criminele straf te zijn veroordeeld geweest, andermaal eene misdaad begaat, waartegen alleen de straf van eerloosverklaring, hetzij die al dan niet met geldboete gepaard gaat, bedreigd is, zal wegens die tweede misdaad met enkele tuchthuisstraf voor den tijd van drie jaren gestraft worden.

Art. 3. Niettegenstaande de bepalingen in de beide voorgaande artikelen vervat, kan de regter, indien de latere misdaad, of het later wanbedrijf, is gepleegd onder de verzachtende omstandigheden, vermeld in art. 7 van den vijfden titel van dit boek, de bepalingen van dat artikel toepassen, daaromtrent echter handelende met de meest mogelijke omzigtigheid."

Tit. 6. van Boek I, Wetboek van Strafr. v. 1847, luidt art. 81 :

„Indien iemand, na tot eene criminele of correctionnele straf te zijn veroordeeld geweest, aan misdaad of wanbedrijf, na die veroordeeling gepleegd, wordt schuldig verklaard, wordt de vroegere veroordeeling als eene verzwarende omstandigheid aangemerkt.

De regter is bevoegd om, indien tegen de misdaad of het wanbedrijf buitengewone of gewone tuchthuisstraf, gevangenisstraf of geldboete is bedreigd, deze straffen met een derde te verhoogen.

De bepaling van het voorgaand lid is nogtans alleen van toepassing, indien vroeger eene criminele straf of eene gevangenisstraf van meer dan zes maanden is opgelegd."

Uit deze artikelen blijkt dus, dat aldaar algemeene recidive werd aangenomen, maar daarentegen de verzwarende omstandigheid niet imperatief, doch facultatief gemaakt.

In gelijken zin drukt ook de C. P. belge zich uit in de artt. 54 en volgende.

Daar na 1847, door de politieke omstandigheden, en wel voornamelijk door de Grondwetsherziening van 1848, de zaak van een nieuw strafwetboek bleef rusten, kwam ook in de algemeene regeling der recidive geen verandering, voordat de wijzigingswet van 1854 was ingevoerd. Alleen voorzag de wet van 3 Mrt. 1852, Stbl. n°. 20 (bij Fruin pag. 965 ad art. 58), in de bizondere regeling van militaire recidive.

De aanleiding tot deze wet was, dat er zelden tusschen rechterlijke collegiën in ons Vaderland langduriger strijd van meeningen plaats gehad heeft, dan over de vraag: of een militaire veroordeeling bij later gepleegde misdaad of wanbedrijf volgens den C. P. een element voor recidive kan opleveren, eene vraag, die bij menigvuldige arresten van den Hoogen Raad steeds toestemmend, maar door uitspraken van onderscheidene Provinciale gerechtshoven in tegenovergestelden zin werd beantwoord.

Die strijd is eindelijk opgeheven bij de Wet van 1852. Deze wet, gebouwd als het ware op de bepalingen van artt. 56 en 57 C. P., moest vervallen bij de afschaffing dezer bepalingen; de wijziging ligt in art. 12 der W. v. 1854, Stbl. n°. 102.

Art. 11 van de Wet van 1854, n° 102, nam met eenige wijziging en vereenvoudiging het stelsel aan van Boek I van de wetboeken van 1840 en 1847, nl. recidive als algemeen verzwarende omstandigheid, maar verzwaring slechts facul-tatief: in gelijken zin drukte zich ook uit art. 13 van tit. 2 (art. 40) van het ontwerp van 1859 van den Minister Boot:

„Indien hij, wien vroeger eene gevangenisstraf van langer dan zes maanden of eenige andere zwaardere straf werd opgelegd, op nieuw misdrijf pleegt, wordt de vroegere veroordeeling, mits in kracht van gewijsde gegaan, als verzwarende omstandigheid aangemerkt, en kan het maximum der straf, tegen het later gepleegd misdrijf begaan, door den regter met een derde wordt verhoogd."

De Memorie van toelichting op dit artikel (40) zegt: „Dit artikel (40) verschilt eenigzins van artikel 11 der wet van 29 Juni 1854."

Deze opmerking is, als men let op den inhoud, en niet bloot op de redactie, niet geheel juist: immers het vereischte, dat de vroegere uitspraak in kracht van gewijsde zij gegaan, zal ook gelden volgens de wet van 1854. Alleen wordt het hier ter voorkoming van allen twijfel op dit punt uitdrukkelijk gezegd.

Overigens, zegt de Memorie verder, wordt hier het beginsel der wet van 1854 (art. 11) gevolgd, volgens hetwelk in afwijking van het beginsel van den Code Pénal en van de ontwerpen van 1840 en 1847, het niet meer is de bedreigde straf of de algemeene poenale aard der misdrijven, maar alleen de door den rechter opgelegde straf, die over het al dan niet aanwezig zijn van recidive beslist.

HOOFDSTUK III.

Stelsel van het Wetboek.

Het stelsel van ons Nederlandsch strafwetboek zou men kunnen noemen een terugkeer tot het stelsel van het Crimineel Wetboek van 1809, in zoover het alleen speciale recidive kent, maar afwijking daarvan bestaat, in zooverre speciale recidive altijd slechts is eene facultatieve verzwarende omstandigheid.

Ons stelsel is rechtstreeks ontleend aan het Duitsche Wetboek, gelijk blijkt uit de Memorie van toelichting, maar met groot verschil in de toepassing.

Het Duitsche Rijksstrafwetboek, dat mutatis mutandis den inhoud teruggaf van het oorspronkelijk Wetboek voor den Noordduitschen Bond [1]), is in dit opzicht afgeweken van §§ 58—60 van het Pruisisch Wetboek van 1851, dat overigens tot doorgaand model heeft gestrekt (zie de mo-

---

[1]) Vgl. Schwarze, Comm. zum Strafgesetzbuch für das deutsche Reich, Einleitung s. 4, 5.

tieven op pag. 110 en 111); wel kent ook dit Wetboek alleen *speciale* recidive (§ 58, dasselbe Verbrechen oder Vergehen), maar zij neemt deze aan als algemeenen regel in het algemeene deel van het Wetboek, terwijl het Rijkswetboek de zaak alleen in het bijzonder deel voor bepaalde misdrijven regelt.

Het ontwerp van het Duitsche wetboek had recidive als algemeene verzwarende omstandigheid niet opgenomen; wel het geval, dat iemand wegens gelijk of gelijksoortig, of in het algemeen wegens een ander misdrijf, reeds vroeger veroordeeld is geworden. Terwijl in dat wetboek als regel is aangenomen, dat de wetgever niet boven het maximum kan gaan (dus recidive als strafzumessungsgrund), zoo zijn daarop enkele belangrijke uitzonderingen, en is de rechter alzoo bevoegd boven het maximum te gaan, binnen de grenzen door de wet vastgesteld (dus recidive als strafschärfungsgrund): nl. in §§ 244, 245, 250 n°. 5, 261 en 264 van het Rijkswetboek.

„Voorzeker," zoo wordt in de Memorie van toelichting van het Duitsch ontwerp betoogd, „biedt de opvatting, zooals de C. P. haar verdedigt, den wetgever eene geschikte formule voor de schakeering der straffen en den rechter bij het afmeten van straffen een niet minder geschikten regel; doch het feit, dat een en dezelfde mensch herhaaldelijk strafbare handelingen van welken aard ook pleegt, mag niet als bewijs genomen worden, dat onder alle omstandigheden even zwaar weegt, dat nu die persoon een gevaarlijker misdadiger is, en derhalve, eenvoudig

22

wegens dat feit, reeds met eene strengere straf bestraft moet worden.

Beperking tot gelijksoortige misdrijven is zoowel onbestemd als zonder logischen grondslag, en zal in de praktijk voor de toepassing der rechtspraak groote moeilijkheid en onzekerheid opleveren.

Voor gelijke misdrijven betoogt men veeltijds de noodzakelijkheid, alsof dit van zelf sprak (Berner, Lehrbuch p. 245), en men verdedigt de stelling, dat als al een eerste misdrijf het maximum der straf vorderen kan, dan voor datzelfde misdrijf, voor de 2e maal begaan, eene strafverzwaring moet bedongen worden.

Doch deze bewijsvoering is niet vrij van eene petitio principii — de wetgever zal zijne strafbepalingen niet voor het eerste overtreden alleen opstellen—, en verder zou dezelfde mathematische gestrengheid, op meermalen voorkomende recidive toegepast, tot eindelooze verdeeling van straffen voeren, bij welke de wetgever ten slotte dan nog zou moeten verklaren, dat hij het herhaalde misdoen van een misdrijf voor zijne strafbepalingen niet meer weet te waardeeren.

Men beweert verder, dat de algemeene theorie der recidive eene bedenkelijke afwijking is van den regel „ne bis in idem", en bovendien wordt in de memorie van toelichting van het Duitsche ontwerp beweerd, „dasz die durch den Rückfall bekundete Gefährlichkeit, im Vergleich zu der durch einen schlechten Leumund bewiesenen, keine specifisch verschiedene ist.

Ten slotte voegt men daaraan toe, dat zooals de dage-
lijksche ervaring leert, zelf een en hetzelfde misdrijf
onder verschillende omstandigheden en om gansch ver-
scheidene gronden kan bedreven worden.

Alle deze gronden laten voor recidive noch eene bepaalde strafverzwaring, noch de bevoegdheid, aan den
rechter toe te schrijven, de straf in zekere mate te verhoogen, voor noodzakelijk en wenschelijk toeschijnen.

Het ontwerp wil derhalve de recidive volgens de regels
slechts binnen het gewone maximum houden, behoudens
enkele uitzonderingen.

Wat zegt hiervan onze memorie van het ontwerp der
Staats-Commissie ?

In hoofdzaak, dat het zich aansluit aan het rijkswetboek, „dat in de memorie van toelichting (p. 110 en 111)
kort en goed wordt verdedigd." Onze memorie zegt verder
(p. 206):

„Bij het bepalen van de hoegrootheid der straf heeft
de regter in elk bijzonder geval te letten op de objectieve
en subjectieve omstandigheden, waaronder het strafbare
feit is gepleegd, op de daad en op den dader. Welke
regten zijn door de overtreding van de strafwet geschonden ? Welk nadeel is daardoor toegebragt ? Welke waren
de · redenen, de motieven, waarom het feit is gepleegd ?
Hoe was des daders vroeger levensgedrag ? Was het
misdrijf, waaraan hij zich heeft schuldig gemaakt,
een eerste stap op den weg des kwaads of eene min of

meer ernstige volharding bij eene reeds vroeger gebleken misdadige gezindheid? De grenzen tusschen minimum en maximum moeten zoo ruim zijn gesteld, dat ook bij eene beantwoording van al deze vragen in het nadeel van den beklaagde, het gewoon maximum der straf in den regel voldoende is.

Slechts bij enkele vergrijpen en categoriën van vergrijpen tegen de strafwet kan de recidive eene zóó misdadige gezindheid bij den dader of een zóó groot gevaar voor de openbare orde aan het licht brengen, dat het noodig is haar te doen gelden als een grond van verzwaring der straf zelfs boven het gewone maximum. Volgens het ontwerp is dit het geval bij eenige misdrijven tegen de openbare orde, tegen de algemeene veiligheid van personen en goederen, tegen het openbaar gezag of tegen de zeden; bij strooperij, bij bedrog van den verkooper of in eet- en drinkwaren, en bij inbreuken op het recht van toeeigening; voorts bij al de misdrijven opgesomd in den laatsten titel van Boek II en bij een aantal overtredingen."

Hier volgt eene opsomming van de gevallen, waarin het oorspronkelijk ontwerp recidive aannam. Zij is niet meer geheel volledig voor het vastgestelde wetboek.

Op die gevallen komen wij dus nader in het vierde hoofdstuk terug.

Ter verdere verdediging van het stelsel vervolgt de memorie van toelichting:

„Over de keus van de misdrijven en overtredingen, waarbij recidive als eene verzwarende omstandigheid moet gelden, kan zeker verschil van gevoelen bestaan, maar dit verschil geldt alleen de toepassing van het beginsel, dat in het ontwerp is gehuldigd. Daarentegen gaat art. 11 der wet van 1854 uit van een 'verkeerd beginsel, waar dit het bestaan van strafbare recidive uitsluitend afhankelijk stelt van den aard of de mate der vroeger opgelegde straf. Dit stelsel is eensdeels onregtvaardig, omdat het is gegrond op het onjuiste vermoeden dat iemand, na eene veroordeeling tot eene eenigzins ernstige straf op nieuw eenig ander misdrijf, hoe verschillend dan ook van het vorige, plegende, door die herhaling zelve blijk geeft van grootere verdorvenheid dan in het algemeen uit het tweede misdrijf op zich zelf blijkt; en anderdeels onvoldoende, omdat het, door de verzwarende omstandigheid afhankelijk te stellen van zeker minimum van straf, geen rekening houdt met die misdrijven, die, al worden zij dan minder zwaar gestraft, in geval van herhaling doorgaans het bewijs leveren van moedwillige volharding bij het kwaad. Men denke hier b. v. een laster, waartegen art. 371 C. P. in de meeste gevallen eene gevangenisstraf van niet meer dan zes maanden bedreigt."

De memorie eindigt met over de verjaring van de recidive te spreken : de C. P. nam deze alleen aan voor overtredingen, maar terecht is het nieuwe wetboek hiervan afgeweken, en heeft haar ook voor misdrijven aangenomen.

Nam men eenmaal aan, dat het recht tot uitvoering der straf door tijdsverloop vervalt, zoo moest men consequent blijven, en dit ook doen met het gevolg dat eene vroegere veroordeeling oefent bij eene latere terechtstelling.

„Ook in die gevallen, waarin herhaling van gelijke of gelijksoortige misdrijven moedwillige volharding bij het kwaad of grooter gevaar voor de maatschappelijke orde doet vermoeden, mag dit vermoeden alleen gelden binnen een zekeren tijd, gedurende welken de indruk der vroegere veroordeeling of van de uitvoering der straf geacht kan worden nog levendig te zijn.

Die termijn is bij overtredingen in den regel twee jaren, soms één jaar [1]), bij misdrijven van minder gewigt twee jaren [2]), bij zwaardere misdrijven vijf jaren [3]). Bij deze laatste gaat hij, waar eene langdurige gevangenisstraf tegen het misdrijf is gesteld en dikwijls wordt toegepast, eerst in na het geheel of gedeeltelijk ondergaan dier straf of na hare geheele kwijtschelding; terwijl, in geval de straf noch geheel of ten deele is uitgevoerd, noch geheel is kwijtgescholden, de verzwarende omstandigheid niet meer in aanmerking komt, wanneer het regt tot uitvoering der vroegere straf is verjaard" [4]).

| [1]) | 496 573 575 576 584 | Ontw. St.-Comm. | Wetb. 426 453 vervall. 455 vervall. | [2]) | .142 201 202 267 278 348 392 | Ontw. St.-Comm. | Wetb. 132 184 verv. 240 254 314 verv. | [3]) | 189 191 366 483—485 | Ont. St.-Cam. | 174 174 339 421—423 |
| | | | | | | | | [4]) | 483 484 | O. St. C. | 421 422 |

Later werd hier nog door den Minister aan toegevoegd: „In alle andere gevallen gaat de termijn van verjaring der recidive in den dag waarop de schuldige wegens het vroeger gepleegde strafbare feit onherroepelijk, dat is bij in kracht van gewijsde gegaan vonnis, is veroordeeld."

Alhoewel ons ontwerp zegt, dat het het Duitsche wetboek is gevolgd, zoo bestaan er toch nog groote afwijkingen tusschen beiden.

Ons wetboek breidt de recidive veel meer uit, dan het Duitsche; bijna $^1/_4$ van de misdrijven en overtredingen kan bij recidive zwaarder gestraft worden, terwijl er in het Duitsche wetboek slechts vijf worden genoemd (§§ 244, 245, 250 no. 5, 261, 264 van het Rijkswetboek); daarenboven neemt het Duitsche wetboek niet bij tweede misdrijf recidive aan (behalve bij roof), zooals bij ons, maar eerst bij tweede herhaling.

De toepassing voor strafverzwaring is in het Duitsche wetboek anders dan in het onze: de Duitsche wetgever bepaalt dat de rechter bij recidive niet onder een bepaald minimum mag gaan; de Duitsche wetgever verhoogt de minima en laat de maxima, terwijl onze wetgever het minimum laat, en het maximum verhoogt, waardoor onze rechter niet in zulke enge grenzen zal besloten zijn als de Duitsche rechter dit is.

In § 244 is voor recidive niet toegestaan $^1/_3$ boven het maximum, maar een bepaald aangewezen straf, die veel zwaarder is dan $^1/_3$ boven het maximum, want in § 242

28

is het strafmaximum van eersten diefstal vijf jaren, terwijl in § 244 dit gebracht wordt op 10 jaren bij herhaling van eenvoudigen diefstal, § 244a.

Ten slotte kent het Duitsch ontwerp geen verhooging wegens recidive bij overtredingen, dan alleen in het geval van § 362, bedelarij.

Hoe dacht men in Duitschland over het stelsel van het Duitsche ontwerp?

Het is niet zonder belang dit na te gaan, nu ons wetboek er zich in beginsel — niet zonder groote afwijking in de toepassing — bij heeft aangesloten.

Dr. Berner, in „Kritik des Entwurfes eines Strafgesetzbuches für den Norddeutschen Bund", dacht er niet gunstig over, en beklaagt zich, dat de ontwerpers zich steeds in ééne richting hebben bewogen, zonder acht te slaan op de meeningen van anderen.

Berner ziet in recidive eenen algemeenen strafverzwaringsgrond, en zegt, dat de recidive volgens het Duitsch ontwerp op eene zeer lage trap van ontwikkeling staat.

Hij tracht de gronden, ter verdediging van het Duitsch ontwerp aangevoerd, te weerleggen met te zeggen, dat het beroep op Germaansche rechtstoestanden een argument uit noodzaak is, om zich van zakelijke argumenten af te helpen; en dat de strafverzwaring zou zijn ontleend aan den C. P. is onjuist, daar wij haar reeds in de Carolina aantreffen. Berner zou zelf niet altijd die strenge toepassing wenschen bij recidive van eigendomsdelikten: men heeft hier volgens hem de gronden van rechtvaardigheid en openlijke zekerheid over het hoofd gezien.

„De nationale zijde van het Duitsch ontwerp is niets waard, de vraag is, wat is goed? en dan doet het er niet toe, van waar het komt."

Het ontwerp noemt eenige bronnen op, waaruit het ge-put heeft, die alle door Berner weêrlegd worden.

Berner wil geen nationale, maar zakelijke gronden; boven-dien al neemt men recidive als algemeen verzwarende om-standigheid aan, dan ·kan de rechter toch altijd het oog slaan op het meerdere of mindere gevaar voor de maat-schappij, dat de wets-overtreder door zijn herhaald misdrijf heeft doen ontstaan, en naar gelang daarvan de juiste hem toekomende straf opleggen, wanneer nl. de strafverzwaring slechts facultatief is.

„De ontwerpers van het Duitsche wetboek hebben ze-kerlijk overvloed van praktische ervaringen, maar minder wetenschappelijke overtuiging gehad, om het goede Prui-sische stelsel ter zijde te leggen," zegt Berner (Kritiek p. 34).

„Men zou er uit kunnen afleiden, dat men de strafver-zwaring heeft weggelaten, omdat de recidive is verminderd, of de rechters misbruik hebben gemaakt van die verzwa-rende omstandigheid, maar de statistiek bewijst het tegen-deel, dus eene reden te meer moet dit voor hen geweest zijn, om de straffen te verzwaren."

Het Duitsche ontwerp verwerpt de gelijksoortigheid, „om-dat zij een logischen grond mist"; „maar waarom neemt het haar wel bij diefstal en roof (§ 244), en roof en afper-sing aan. De gronden, door de wetenschap aangegeven, zijn daarmede niet wederlegd".

„Zwaarder toch is de schuld bij het plegen na elkaar van twee gelijke misdrijven, dan bij het opvolgend plegen van twee in aard geheel verschillende misdrijven.

Gelijkheid van drijfveeren en gelijkheid van geschonden recht geven uitgangspunten, die passend en niet willekeurig zijn, om die misdrijven in de wet aan te toonen, die als gelijksoortig moeten worden beschouwd.

Dat tweede en verdere recidive nog strafbaarder is dan de eerste, is juist, maar daaruit volgt nog niet, dat die latere straffen grooter moeten zijn dan de voorgaande.

Wanneer het ontwerp in strafverzwaring wegens recidive eene bedenkelijke afwijking ziet van den regel: „non bis in idem", zoo is dit onjuist; wel is dit juist voor het Beiersche strafwetboek van 1813, omdat dit de voorgaande straf wegens recidive nog eens oplegde.

Is het bij recidive een volharden in het plegen van een bepaald misdrijf, dan verraadt dit een grootere subjectieve strafbaarheid. De motieven spreken van grootere gevaarlijkheid bij recidive, maar dit is onjuist: men vermoedt diepere schuld.

Ook een goed vroeger leven komt ten voordeele van den delinquent, evenals een slecht leven ten nadeele; evenwel leidt het vroegere slechte leven slechts tot eenen toemetings-, niet tot eenen verzwaringsgrond.

Ten slotte zegt de toelichting van het Duitsch ontwerp, dat hetzelfde misdrijf om geheel verschillende motieven wel is waar kan begaan zijn, en onder verschillende omstandigheden kan hebben plaats gehad; dit is juist, maar daarom moet strafverzwaring facultatief gesteld zijn. Niet alleen uit overmoed tegen de wet, zegt Berner, maar ook uit zwakheid, te weinig wilsvrijheid, misdoet men; de straf moet steeds gericht zijn op verbetering. „Zoowel het recht als de openbare zekerheid vordert hier, strenger te straffen," meent Berner. „Aan den anderen kant moet men ook niet overdrijven, met te zeggen: het is de schuld van de straf, dat er recidive is; want al heeft men de beste gevangenis, altijd zal recidive blijven bestaan."

Verder stelt Berner in het licht de groote inconsequentie tusschen het ontkennen van recidive als algemeen verzwarenden grond, en daarentegen de veel te strenge straffen wegens recidive bij diefstal, roof enz.

Hij besluit zijne verdediging met een' lofzang op het Pruisische strafwetboek van 1851: daar had men volgens hem eene goede recidive-leer.

Aan het einde van dit hoofdstuk moeten wij nog opmerken dat de Raad van State zich met het stelsel van ons wetboek vereenigde en aan de toepassing de voorkeur gaf boven die van het Duitsche wetboek.

Op advies van den Raad van State zijn belangrijke wijzigingen aan de Regeering voorgedragen, die meerendeels door haar zijn overgenomen.

Onder anderen maakte de Raad van State aanmerking naar aanleiding van art. 423 en de speciale bepalingen van Boek II en III, zooals de artt. 132, 426 en 439: omdat deze geen volledige zekerheid aangeven, wanneer

3

en in welke gevallen de strafbare recidive zal dáár zijn. De Raad wenschte meer in den geest van het Duitsche strafwetboek, zooals onze tit. 31, deze artikelen geredigeerd te zien. Op advies van den Raad van State is in het ontwerp der Staats-commissie in art. 475 (Wetb. art. 421) opgenomen art. 228, en in art. 476 St.-Comm. (Wetb. art. 422) de artt. 290, 291, 296 en 297 van ons wetboek.

Ten slotte deed de Raad opmerken, dat er bezwaar bestaat omtrent de gelijksoortigheid van feitelijke insubordinatie en geweldenarij in het strafwetboek en in het militaire strafwetboek, daar de aard in beide wetboeken zoozeer verschilt: de Raad van State was daarom tegen de militaire feitelijke geweldenarij als element voor recidive.

Op dit advies heeft de Minister niet geaarzeld in art. 422 verandering te brengen, zoodat niet meer iedere veroordeeling wegens feitelijke insubordinatie tot strafverzwaring kan aanleiding geven.

Noch bij de schriftelijke noch bij de mondelinge behandeling in de 2e en 1e Kamer gaf het stelsel aanleiding tot bedenking.

In het verslag der 1e Kamer vinden wij, dat het stelsel der recidive de bizondere goedkeuring van onderscheidene leden wegdroeg.

HOOFDSTUK IV.

Toepassing van het stelsel van het wetboek op bizondere misdrijven en overtredingen.

Zooals wij reeds gezien hebben, is het stelsel van ons wetboek *speciale* recidive, dus alleen in de bij de wet uitgedrukte gevallen, en dan als facultatief verzwarende omstandigheid.

Nu heeft men in het wetboek nog te onderscheiden:

I de *gelijke* recidive, bij vroegere veroordeeling wegens een feit, strafbaar gesteld in hetzelfde artikel als het later gepleegde, en

II *wederkeerige* recidive (gelijksoortige), die zijn opgenoemd in den laatsten titel van het IIde boek.

Tot de eerste behooren:

a. alle gevallen van recidive bij overtreding;

b. vele gevallen van misdrijven, verspreid in boek II, tit. 2 tot tit. 31, zooals:

art. 132 — 5 jr	art. 254 — 2 jr	art. 436 — 2 jr	art. 449 — 2 jr
„ 134 — 5 „	„ 314 — 2 „	„ 437 — 2 „	„ 453 — ½ „
„ 184 — 2 „	· „ 426 — 1 „	„ . 438 — 2 „	„ 455 — 1 „
„ 240 — 2 „	„ 434 — 1 .,	„ 439 — 2 „	„ 471 — 2 „

Tot de tweede:

al de gevallen van Boek II tit. 31.

In al de sub I*b* genoemde artikelen is er, behalve vroegere veroordeeling geen ander vereischte, dan dat een zekere termijn (van 5, 2, 1 en $1/_2$ jaar) verloopen zij, sedert de schuldige „wegens hetzelfde misdrijf onherroepelijk is veroordeeld".

Over het woord „onherroepelijk" in genoemde artikelen is veel getwist: wij vinden dit opgeteekend in de Weekbladen van het Recht nos. 4728, 4725, 4730 en 4732: verder een arrest van den Hoogen Raad in het Weekbl. v. h. R. no. 4916.

Wat is onherroepelijk?

Onherroepelijk, d. i. zonder mogelijkheid van nadere voorziening.

Zelfs de H. R. maakte bij arr. van 3 Jan. 1872 Wbl. 3427 volgens de bepalingen in den C. P. art. 483 en art. 11 van de Wet van 1854 no. 102 uit, dat veroordeeld in geen anderen zin mocht worden uitgelegd, dan in dien van onherroepelijk, d. i. een vonnis dat in kracht van gewijsde is gegaan, m. a. w. waartegen niets meer is te doen.

Terecht haalde de adv.-gen. Römer aan:

„récidive c'est la rechute de l'agent *irrévocablement* condamné, de l'agent que la loi a déjà frappé et qui veut rentrer en lutte avec elle." —

(Bertauld, Cours de C. P., p. 385.)

Herhaling van oyertreding vindt slechts dan plaats, wanneer het tweede feit wordt gepleegd, nadat de veroor-deeling wegens het eerste onherroepelijk vaststaat.

Immers dit vloeit voort uit den aard der recidive, welke zwaarder wordt gestraft, omdat de dader daardoor toont dat hij zich om de opgelegde straf niet bekreunt.

Zoolang echter het vonnis niet in kracht van gewijsde is gegaan, kan de overtreder in de meening verkeeren, dat het door hem gepleegde feit niet strafbaar is.

Voor dezelfde opvatting is ook Mr. A. A. De Pinto in het Weekblad van het Recht n⁰. 4728, geschreven naar aanleiding van een verschil van gevoelen over de uitleg-ging van artt. 18, 20 in verband met de artt. 21, 22, 23 en 25 der drankwet.

De terminologie dezer wet in de omschrijving der reci-dive stemt geheel overeen met die van het nieuwe straf-wetboek, zulks met te meer recht, omdat verschillende strafbepalingen, waarbij herhaling als verzwarende omstan-digheid in aanmerking komt, aan dat wetboek zijn ont-leend en dus met de invoering daarvan zullen vervallen. —

Zoo men dus van eene fout wil spreken, dan ligt die in het nieuwe wetboek en niet in de speciale wet. Terecht merkt de geachte schrijver intusschen op, dat de redactie in overeenstemming is met den aard der zaak.

Had men het woord „onherroepelijk" niet opgenomen, dan zou dit in den zin toch geen verandering brengen (dit bleek reeds uit het bovengenoemde arr. v. 1872).

Op advies van den Raad van State is het opgenomen „ter voorkoming van allen twijfel".

Ook geldt het vereischte van het „onherroepelijke" voor de 3 artt. van den laatsten titel van het IIde Boek, alhoewel daar het woord „onherroepelijk" niet is opgenomen.

Het wetboek van strafrecht en de daaraan ontleende bepalingen der drankwet hebben dus niets nieuws ingevoerd, maar zijn gebleven bij de oude leer, door de rechtspraak en de schrijvers reeds, als uit goede rechtsbeginselen voortvloeiende, aangenomen, voordat zij uitdrukkelijk in de wet was geschreven.

Mr. De Pinto wenscht dan ook in deze bepalingen geen verandering.

Het laatste arrest van den H. R., in deze kwestie gewezen, van 7 Mei 1883 no. 4916, blijft dezelfde meening toegedaan.

De H. R. besliste, in overeenstemming met de conclusie van den adv.-gen. Polis, dat de verzwarende omstandigheid van recidive niet is gelegen in de ten uitvoerlegging van het veroordeelend vonnis, maar in de veroordeeling.

De woorden „6 maanden sedert de schuldige onherroepelijk is veroordeeld" beteekenen, dat deze termijn loopt van het tijdstip der veroordeeling; daarbij wordt wel gevorderd, dat die veroordeeling onherroepelijk zij tijdens het andermaal plegen van een gelijk feit binnen 6 maanden, doch blijft geheel in het midden, wanneer gedurende dien termijn het „onherroepelijk" moet zijn ingetreden. Ook hier definieert de H. R. het onherroepelijk vonnis, als een vonnis, dat voor geen vernietiging meer vatbaar is, en dat alzoo onherroepelijk vaststaat, wat bij dat vonnis is aangenomen.

Het geval deed zich hier voor, dat iemand voor den 1en keer werd veroordeeld bij verstek bij een vonnis van den kantonrechter van 28 Mrt. 1883, en dat op 10 Sept. daaraanvolgende zijn vonnis werd ten uitvoer gelegd, terwijl hij den 29 Oct. '83 weêr dronken werd gevonden: quaeritur was hier recidive? immers neen, want er waren meer dan 6 maanden verloopen, en de verzwarende omstandigheid der recidive is gelegen in de voorafgaande onherroepelijke veroordeeling.

Onbillijk evenwel is het, dat een bij verstek veroordeelde er beter aan toe is, dan een contradictoor veroordeelde; maar deze onbillijkheid ligt noch in de strafwet, noch in de drankwet, maar is alleen weg te nemen door eene herziening van de bepalingen omtrent verstek.

Mr. Swaving (Weekbl. n°. 4725) wil hieraan te gemoet komen, door voor „onherroepelijk" te lezen:

„is de veroordeeling bij een vonnis, waarin door den veroordeelde is berust tot op den aanvang der terechtzitting, waarop de herhaalde overtreding wordt behandeld."

Want de termijn van 8 dagen (art. 225 Str. vord.) is voldoende om zich te bedenken.

Wanneer begint die termijn van 6 maanden te loopen?

Onder den C. P. was er verschil, of bij het plegen of bij de terechtstelling wegens het tweede feit de eerste veroordeeling in kracht van gewijsde moest zijn gegaan.

Terecht nam de H. R., bij arrest van 1872, het eerste aan; nl. bij het plegen van het tweede feit moest de eerste veroordeeling in kracht van gewijsde zijn gegaan.

Ook Mr. Pelinck (Weekbl. no. 4730) neemt dit arrest van 1872 aan als basis voor het nieuwe wetboek, en zegt, dat de termijn van recidive loopt niet van den datum van het vonnis, maar van den dag, dat de termijn van cassatie of appèl is verstreken, en bij verstek-vonnissen van den dag, dat het vonnis is ten uitvoer gelegd, hetzij door betaling der boeten, hetzij door het ondergaan der straf.

De duur van den recidive-termijn is in beide evenlang, maar begint verschillend te loopen; hij vangt bij verstek veroordeeling aan, als hij bij contradictoor-veroordeeling reeds bijna verstreken is.

Mr. Wttewael (in Weekblad v. h. Recht no. 4732) leidt uit het Rapport van den Minister (zie Mr. Smidt I, 388 en 389) af, dat de termijn, binnen welken de herhaling moet plaats hebben, niet begint te loopen van den dag waarop het vonnis in kracht van gewijsde is gegaan, maar treedt hierover niet in verdere ontwikkeling.

Uit het voorgaande kunnen wij resumeeren, dat als iemand bijv. veroordeeld is (contradictoor) op 1 Januari, dan is zijn vonnis op 5 Januari onherroepelijk; loopt dan de termijn van 1 of van 5 Januari?

Terecht neemt Mr. Pelinck aan den 5den Januari terwijl Mr. Wttewael den 1en Januari aanneemt.

Daarentegen om recidivist te zijn, moet de voorgaande veroordeeling onherroepelijk zijn, en dus den 5en Januari.

Wat de artikelen 421, 422 en 423 betreft, zoo valt hierbij op te merken, dat hier de recidive niet alleen bij het plegen van een gelijk, maar ook van een gelijksoortig misdrijf op den voorgrond treedt.

Dienaangaande, zegt het advies van den Raad van State, wijkt het ontwerp belangrijk ' af van het recht, dat ons thans beheerscht. In het ontwerp wordt het bestaan van strafbare herhaling alleen aangenomen bij veroordeeling wegens hetzelfde of een gelijksoortig feit, als waarvoor de schuldige reeds vroeger was veroordeeld.

De bepaling van art. 483 C. P. van 1810, houdende dat herhaling van overtreding slechts strafbaar is wanneer binnen zeker tijdperk (12 maanden) eene vroegere veroordeeling ter zake van overtreding is uitgesproken tegen den beklaagde, is in het ontwerp algemeen gemaakt. Dat tijdperk verschilt in het ontwerp, naar gelang er overtreding of misdrijf is, van $\frac{1}{2}$ tot 5 jaren.

In deze 3 artikelen worden drieërlei categoriën, van misdrijven aangenomen, t. w.:

art. 421 : delikten uit ongeoorloofd winstbejag of met bedriegelijk opzet gepleegd, zooals diefstal, verduistering, bedrog, valschheid, bankbreuk en dergelijke ;

art. 422 : delikten tegen het leven gericht of gepleegd, mishandelingen en in het algemeen daden van geweld, tegen personen ondernomen, onder welke verschillende qualificatiën ook voorkomende.

Art. 423 omvat de in verschillende titels verspreide straf-bepalingen tegen beleediging.

Bij de artt. 421 en 422 komen ook in aanmerking vroegere veroordeeling krachtens militaire wetten, hetgeen wij
reeds besproken hebben op pag. 35 van ons proefschrift,
— evenals ook de wijzigingen naar aanleiding van het
advies van den Raad van State.

Ten slotte nog een woord over de zoogenaamde verjaring van de recidive.

De C. P. erkent haar alleen bij overtredingen (art. 483),
het Belgische wetboek (art. 56 lid 2) ook bij wanbedrijven, terwijl zij in de vroegere Duitsche wetboeken en
in het thans geldende rijkswetboek algemeen wordt aangenomen in alle gevallen van strafbare herhaling van
misdrijf.

„Ook hierin verdient (zegt de Mem. van Toel.) het duitsche
stelsel de voorkeur boven het fransche, dat in dit opzicht
nog onveranderd bij ons geldt.

Het gaat niet aan, terwijl het recht tot uitvoering der
straf door tijdsverloop vervalt, het gevolg dat eene vroegere veroordeeling uitoefent, bij eene latere terechtstelling
onbeperkt te doen voortduren.

Ook in die gevallen, waarin herhaling van gelijke of gelijksoortige misdrijven moedwillige volharding bij het kwaad
of grooter gevaar voor de maatschappelijke orde doet vermoeden, mag dit vermoeden alleen gelden binnen een
zekeren tijd, gedurende welken de indruk der vroegere
veroordeeling of van de uitvoering der straf geacht kan
worden nog levendig te zijn.

41

Die termijn is bij overtredingen $^1/_2$, 1 of 2 jaren, bij bij misdrijven van minder gewicht 2 jaren (artt. 184, 254, 314), bij zwaardere misdrijven 5 jaren (artt. 132, 421—423).

Bij deze laatste gaat hij, waar een langdurige gevange-nisstraf tegen het misdrijf is bedreigd en dikwijls wordt toegepast, eerst in na het geheel of gedeeltelijk ondergaan dier straf of na hare geheele kwijtschelding, terwijl, in geval de straf noch geheel of ten deele is uitgevoerd noch geheel is kwijtgescholden, de verzwarende omstandigheid niet meer in aanmerking komt, wanneer het recht tot uitvoering der vroegere straf is verjaard.

In alle andere gevallen gaat de termijn van verjaring der recidive in den dag, waarop de schuldige wegens het vroeger gepleegde strafbare feit onherroepelijk, dat is bij in kracht van gewijsde gegaan vonnis, is veroordeeld."

STELLINGEN.

I. Terecht besliste de H. R. bij arr. v. 26 Nov. 1880, Wbl. 4573, dat de benoeming van een voogd moet geschieden door den kantonrechter, niet ter plaatse, waar op het tijdstip van het overlijden van den vader-voogd de toeziende voogd woont en de minderjarige verblijft, maar ter plaatse, waar de vader-voogd, vóór hij naar het buitenland vertrok, zijne laatste woonplaats had in Nederland.

II. Ter toepassing van art. 1122 B. W. is het noodig, dat de erfgenamen in termen van scheiding zijn.

III. De beperking van het bewijs door getuigen in art. 1933 B. W. berust op geen redelijken grond.

IV. Daarentegen is art. 1934 een noodzakelijk uitvloeisel van de kracht, toe te kennen aan het schriftelijk bewijs.

V. Stichtingen kunnen bij testament worden opgericht.

VI. Het bewijs door middel van bekentenis is in zake van echtscheiding en scheiding van tafel en bed niet onvoorwaardelijk uitgesloten.

VII. De trekker van · een wissel, bij niet-betaling daarvan, om vergoeding aangesproken, kan aan den nemer zoomin als aan eenigen verderen houder tegenwerpen, dat hij geen waarde voor den wissel genoten heeft.

VIII. Het verhoor op vraagpunten kan door denzelfden rechter tegen dezelfde partij in dezelfde zaak meer dan eenmaal worden toegelaten.

IX. Het voorschrift van art. 211 Sv., dat de veroordeelende uitspraak den tekst der toegepaste wet moet inhouden, zoude beter vervallen.

X. De verjaringstermijn van straf begint te loopen van den dag na dien van het verstrijken van den cassatietermijn, ook al wordt hiervan geen gebruik gemaakt.

XI. Het tekeergaan van openbare dronkenschap behoort tot de bevoegdheid van den Rijkswetgever.

XII. Tot de strafbaarheid van bedriegelijke bankbreuk wordt niet vereischt, dat de dader reeds bij het plegen der als zoodanig gequalificeerde feiten bewust was van zijn insolventie.

XIII. Volgens art. 12 v. d. Wet van 10 Sept. 1853 no. 102 is iemand, die het voor de derde maal overtreedt, minder strafbaar dan hij die het voor de tweede maal doet.

XIV. Wenschelijk ware het, dat art. 32 uit de schutterijwet verdween.

XV. Grondwetsherziening is vooral noodig met het oog op de defensie.

XVI. Schutterijen kunnen niet meer voldoen aan het doel, dat men ermede beoogde.

XVII. De grondwettige bepaling, dat alle vonnissen, ook in strafzaken, de gronden moeten inhouden, waarop zij rusten, bindt den gewonen wetgever te zeer.

XVIII. Nu door de ten slotte aangenomen redactie van art. 82 van het Wetb. van Strafrecht dit artikel geen definitie meer bevat van „zwaar lichamelijk letsel", ontbreken de noodige waarborgen voor eene juiste en gelijkmatige toepassing van de vele artikelen van het tweede boek, waarin zoodanig letsel als verzwarende omstandigheid wordt aangemerkt.

XIX. Het ontbreken van elke omschrijving van het begrip „mishandeling" in art. 300 Wetb. van Strafrecht, zal ook met het oog op art. 254 noodzakelijk aanleiding moeten geven tot moeielijkheden.

INHOUD.

7/31/29 ne.

CPSIA information can be obtained
at www.ICGtesting.com
Printed in the USA
BVHW041157050120
568482BV00022B/579/P